T0077493

Diphehiso tsa Basotho

Pitso Mkhize & Mpho Moleleki

Buka ya dithothokiso tsa Sesotho

Diphehiso tsa Basotho

(Inputs of Basotho)

Johannesburg, South Africa

Bhiyoza Publishers (Pty) Ltd

PO Box 1139

Ridgeway

2099

Email: info@bhiyozapublishers.co.za

www.bhiyozapublishers.co.za

First edition, first impression 2019

ISBN: 978-0-6398-0957-1

Cover design: Yanga Graphix (Pty) Ltd

Layout and typeset: Yanga Graphix (Pty) Ltd

SELELEKELA

Buka ena e ngotswe ke Mkhize Pitso le Moleleki Mpho, mme bobedi ba rona re rata puo ya Sesotho ebile hape re ya se boulella.Re ile ra kopanngwa ke lerato la puo ya Sesotho. Re le babedi re rata puo ya Sesotho ka mmele pelo le moya. Lerato lena la rona la puo ya Sesotho le ile la etsa hore re qetelle re nkile qeto ya ho ngola buka ya dithothokiso tsa Sesotho eleng yona ena ya 'Diphehiso tsa Basotho'.

Lebaka le entseng hore re qetelle re nkile qeto ya ho reha buka ena ya rona lebitso la

'Diphehiso tsa Basotho', ke hobane ne re kopanya maboko a rona re le babedi ha ne re pheha buka ena.Moleleki o tlile le diphehiso tsa hae le Mkhize le yena a tla le tsa hae yaba qetellong re kgona ho pheha buka e le nngwe empa re sebedisa diphehiso tsa batho ba babedi tse fapaneng. .Ka dinako tsohele ha bangodi ba ngola dibuka, ho ba teng lebaka kapa mabaka a ba susumetsang hore ba ngole. Le rona jwalo feela ka bangodi ba bang ho na le lebaka le entseng hore re nke qeto ya ho ngola buka ena ya 'Diphehiso tsa Basotho'.Re ile ra hlokomela hore puo ya Sesotho e ya timela hobane batjha ha ba sa na thahasello ya ho ngola dingolwa tsa Sesotho.Batjha ba ya lahleha hobane ba se ba ngola dingolwa tsa dipuo tsa baditjhaba.Lebaka le ileng la etsa hore re ngole buka ena ke hobane re batla ho fedisa leqeme la dingolwa tsa Sesostho tse ngotsweng ke batjha. Hape re batla ho kgothalletsa batjha Basotho hore ba se ke ba lahleha ka ho ngolla baditjhaba dingolwa.

Buka ena e na le dithothokiso tse monate haholo mme re na le tshepo ya hore tse ding tsa dithothokiso tseo di tla hohela thaka e tshesane hore e kgalle hore le yona e ngole ka puo ya Sesotho.Hape buka ena e ka sebediswa le ke baithuti, hobane re lekile hore re bontshe hore dithothokiso di manollwa jwang.Ka mantswe a mang baithuti b aka kgona ho ithuta ka mawa a ho manolla dithothokiso ebile hape re fanne ka mefuta e fapaneng ya dithothokiso le ho di hlalosa.

Diteboho

Ke rata ho qolla ba latelang ka ka diteboho: Ke lebisa diteboho tsa ka
ho ntate Menzi Thango eo e leng mophatlalatsi wa Bhiyoza Publishers
le ba mo potapotileng, ba ileng ba etsa hore buka ena e hatiswe. Ke
mo leboha ho menahane ka dikeletso tsa hae. O nthutile hore motho
ke motho ka batho. R. Ke boele ke lebohe bontate Dlamini Thato le
Pumpli Richard bao e leng bona ba ileng ba thaepa buka ena ho tloha
qalong ho fihla qetellong ya yona. Ba ha Mkhize le ba ha Moleleki ba
lebohile ho menahane.

DIKAHARE

KAROLO YA PELE

1. 1 Tlhaloso ya thothokiso

Thothokiso ke mofuta wa sengolwa o reretsweng ho mamelwa le ho balwa. Mofuta ona wa sengolwa ha o ngolwa, o ngolwa ka tsela ya vese, mme puo e sebediswang thothokisong ha se puo e tshwanang le eo re e sebedisang ka mehla. Dithothokisong ke moo sethothokisi se hlahisang maikutlo a sona. E ka ba maikutlo a ho kgalema, maikutlo a ho phoqa, maikutlo a lethabo, maikutlo a bohloko ka baka la lefu, kapa maikutlo a ho ruta setjhaba ka se itseng. kapa hape sethothokisi se ka sebedisa thothokiso ho tseka ditokelo tsa sona kapa tsa setjhaba. Sethothokiso se ka hlalosa kapa sa lokodisa diketsahalo ka thothokiso.

1. 1. 1 Makgetha a thothokiso

Thothokiso e ikgethile ka makgetha a latelang:

o   Sethothokisi: Ke moqapi kapa mongodi wa thothokisi e itseng. Sethothokisi e ka ba motho wa mosadi kapa wa ntate.

o   Temanathothokiso: Ke setantsha (staza) se bopuweng ka sehlopha sa mela ya thothokiso mme ditemanathothokiso ke tsona tse re bopelang thothokiso. Thothokiso yona e ka ba le ditemanathothokiso tse pedi ho isa hodimo. Ela hloko hore thothokiso e jwalo ka sonete e

na le ditemanathothokiso tse peedi feela, ya pele e nang le mela ya thothokiso e robedi le ya bobedi e nang le mela ya thothokiso e tsheletseng.

o   Molathothokiso: Ke mela e re bopelang temanathothokiso. Ha ngata re atisa ho thola mela ya thothokiso e meraro, e mene, e mehlano kapa e tshelela ditemanathothokisong tsa dithothokiso.

o   Puo: Puo ya thothokiso ha e tshwane le puo eo re e sebedisang ka mehla. Ke puo e ikgethileng hobane dithothokisi di kgabile ka bonono bo etsang hore puo ya thothokiso e be e ikgethileng.

KAROLO YA BOBEDI

2. 1 Mefuta ya dithothokiso

o   Sonete

Ke mofuta wa thothokiso o ikgethileng ka ho ba le mela ya thothokiso e leshome le metso e mene. Sonete e na le ditemanathothokiso tse pedi feela. Mela e robedi e qalang ke temanathothokiso e ikgethileng le mela e tshelela e latelang ke temathothokiso e ikgethileng. Mela ya thothokisong e robedi e qalang sethothokisi se ka bua ka se itseng mme meleng e tshelela e hlahlamang se be se hanyetsana le seo se buileng ka sona mela ya thothokisong e robedi e qalang. Kapa hape sethothokisi se ka hlahisa qaka e itseng temanathothokisong ya pele ebe temanathothokisong ya bobedi se hlahisa tharollo ya qaka eo se buileng ka yona temanathothokisong ya pele.

o   Tomatso

Mofuteng ona wa thothokiso sethothokisi se kgalema se itseng seo ebang ha se ya se tshwara hantle kapa ntho e sa tshwareng setjhaba hantle. Sethothokisi ha se kgaleme feela ka tsela e tlwaelehileng ya ho kgalemela empa se kgalema ka tsela e phoqang. Ka mantswe a mang mofuteng ona wa thothokiso sethothokisi ke maloma –a fodisa hobane ka hlakoreng le leng o ya lome a boele hape a fodise ka hlakoreng le leng.

o   Tokodiso

12

Mona sethothokisi se lokodisa ketsahalo kapa diketsahalo tse itseng. Ho sa kgathalatsehe hore diketsahalo tseo di ntle kapa di mpe, di bohloko kapa di monate. Diketsahalo di lokela ho lokodidwa ka tlhahlamano ho ya ka moo di etsahetseng ka teng.

o   Thothokiso e hlalosang

Sethothokisi se hlalosetsa babadi se itseng ka puo e fupereng karaburetso. Puo ya sethothokisi ke e etsang hore mmadi kapa momamedi a ipopele setshwantsho sa seo ho buuwang ka sona. Seo ho buuwang ka sona mobadi/momamedi ekare o ya se bona, o ya se utlwa, o ya se latswa, o ya se ama kapa o ya se fofonela.

o   Lekodilo

Ke mofuta wa thothokiso o kareng ke pinayana. Ha ngata mofuteng ona wa dithothokiso sethothokisi se rorisa dintho tsa tlhaho tse jwalo ka dinonyana, dithaba, diphoofolo, matamo, dinoka, ditlhare, dimela etc.

o   Thothokiso ya boitseko

Ho thothokiso ya boitseko sethothokiso se tseka ditokelo tsa sona kapa hape se ka tseka ditokelo tsa setjhaba. Ka mantswe a mang sethothokisi ke molomo wa setjhaba ha setjhaba se sa kgotsofala.

o   Kodiyamalla

Mofuteng ona wa thothokiso sethothokisi se hlahisa sello sa sona. Se llela ho lahlehelwa ke baratuwa ba sona kapa ho lahlehelwa ke se itseng. Sethothokisi se hlomohile, pelo ya sona e bohloko ka lebaka la tahlehelo.

13

KAROLO YA BORARO

3. 1 Mola wa dithothokiso

Mola wa dithothokiso o ikgethile, ha o tshwane le mela ya mefuta e meng ya dingolwa. Mola wa dithothokiso o bopehile ka bonono. Dintlha tse latelang di re bontsha hore mola wa dithothokiso o bopuwe ka bonono bo ikgethileng:

o   Sejura/kgefutso

Sejura re e thola moo sethothokisi se tsamayang se ntse se kgefutsaka. Sejura e tholahala ka hara molathothokiso feela, mme re e bona ka letshwao la feelwane.

Mohlala:

1.   *ka nnete, ke ne ke o ratile,*

2.   *Maikutlo a ka ohle a le ho wena,*

Sejura e molathothokisong wa pele, mme re e bona ka letshwao la feelwane le ka pela lentswe 'nnete'.

o   Kgonyetso

Kgonyetso re e bona moo sethothokisis se honyeditseng karolwana e itseng ya lentswe. Sethothokisi se ka honyetsa sehlongwapele kapa sehlongwanthao sa lentswe.

Mohlala:

1.   *Motho a qhosha ka rato la hae,*

2.   *A qhosha hoja ke motshepile.*

Kgonyetso re e bona molathothokisong wa pele, hobane sethothokisi se honyeditse sehlongwapele sa lentswe 'lerato'. Sa kgetha ho re 'rato' ho na le hore se re 'lerato'.

o   Tlohelo

Tlohelo re ka e bona moleng wa thothokiso moo sethothokisi se siileng kapa se tlohelletseng lentswe kapa mantswe a itseng.

Mohlala:

1.   *Ka nkwa ke baditjhaba,*

2.   *Ba iketstetsa borata ka nna,*

Tlohelo e molathothokisong wa bobedi hobane sethothokisi se ngotse lentswe 'baditjhaba' molathothokisong wa pele empa molathothokisong wa bobedi se le tlohelletse sa sebedisa leemedi 'ba' bakeng sa baditjhaba.

o   Anastrofi

Anastrofi re e bona moo mantswe a sa latellanneng ka tsela e tlwaelehileng. Ka mantswe a mang sethothokisi se bapala ka mantswe hore tatelano e tlwaelehileng ya mantswe e fetolehe.

Mohlala:

1.   *Ya ka pelo e jere dikidibitla tsa majwe,*

2.   *Pelo ya ka e dula e otla sa tshupanako,*

Molathothokisong wa pele sethothokisi se fetofetotse tatellano e tlwaelehileng ya mantswe. Sethothokisi se re 'ya ka pelo e jere dikidibitla tsa majwe' bakeng sa hore se sebedise puo e tlwalehileng se re 'pelo ya ka e jere dikidibitla tsa majwe'.

KAROLO YA BONE

4. 1 Kgokahanyo ya mela

Sethothokisi se ntse se sebedisa bonono ba sona hape hore mela ya thothokiso e hokahanye kapa e momahane hantle. Dintlha tse latellang di ya bontsha hore sethothokisi se hokahanya mela ya thothokiso ka bonono:

o   Molamotjetje/enjambement

Enjambement re e thola moo ho se nang letshwao la puo qetellong ya molathothokiso. Ha ho se na letshwao qetellong ya mola wa thothokiso seo se bolela hore mola o etellang o ya tswella ho kena ho o hlahlamang.

Mohlala:

1.   *Ne o nahana o qetile ka nna*

2.   *Athe ha o so qale ho hang,*

Molathothokisong wa pele re bona molamotjetje hobane ha ho na letshwao la puo qetellong ya molathothokiso. Sena se re bontsha hore molathothokiso wa pele o kena ho wa bobedi ka ho otlolloha.

o   Phetapheto ya sebopeho

17

Phetapheto ya sebopeho e iponahatsa moo mela ya thothokiso e mmedi e hlahlamanang e ngotswe ka mantswe a fapaneng ka moelelo empa e tshwana ka sebopeho.

Mohlala:

1. *Ntumelle ke imolle maima le mahloko,*

2. *Ntumelle ke hlatse mabinabine a pelo,*

Lebitso Lehokedi Leetsi Lebitso   Lehokedi   Lebitso

Sebopeho sa mela ya thothokiso ena e mmedi se ya tshwana hobane ka bobedi mela ya thothokiso ena e bopuwe ka lebitso, lehokedi, leetsi, lebitso, lehokedi, lebitso.

o   Phetapheto ya mantswe

Phetapheto ya mantswe e bonahala ha sethothokisi se pheta mantswe kapa lentswe leo a le sebedisitseng moleng o etellang pele moleng o hlahlamang.

Mohlala:

1.   *Nna ke tla nyalwa ha nako e dumela,*

18

2.   *Ke nyalwa ke letjetje le jwalo ka nna,*

Lentswe 'nyalwa' le sebedisitswe molathothokisong wa pele mme sethothokisi sa boela sa le pheta hape molathothokisong o hlahlamang.

o   Phetapheto ya moelelo

Phetaphto ya moelelo re e thola moo sethothokisi se sebedisitseng mantswe a tshwanang ka moelelo empa a ngolwa ka ditsela tse fapaneng. Phetapheto ya moelelo o ka e thola ka hara molathothokiso kapa o ka boela wa e thola hape mela ya thothokisong e mmedi e hlahlamanang.

Mohlala:

1.   *Matata ha sa kgona ho qwela ka manyabolong,*

2.   *Dikwidikwidi di phalla ka hodima metsi.*

Ha sethothokisi se bua ka 'manyabolo' le 'metsi' se bua ka moelelo o le mong hobane mantswe ao a le mabedi a bolela ntho e le nngwe e leng seno seo batho le diphoofola di inyorollang ka sona ha di nyoruwe.

o   Neheletsano

Neeletsano re e bona moo sethothokisi se qalanag molathothokiso o latelang ka mantswe kapa lentswe leo se qetelletseng ka lona molathothokisong o etellang pele kapa molathothokisong o ka hodimo.

Mohlala:

1.   *O ikentse motshepuwa ka hara batho,*

2.   *Batho ba o rolela kgaebane ha o hlaha,*

Sethothokisi se kwala molathothokiso wa pele ka lentswe 'batho' se be se boela se qala molathothokiso wa bobedio ka lona lentswe leo hape. Ka mantswe a mang mola wa ple o neeletsa wa bobedi ho sebediswa lentswe 'batho. '

o   Lehlaso

Ke mela ya thothokiso e atisang ho phetwa qalong kapa qetellong ya temanathothokiso hape lehlaso e ka ba lentswe kapa mantswe a phetwang temanathothokisong.

Mohlala

BOPHELO KE LEBIDI [Mkhize P. W]

1. Kajeno ba ya o soma,

2. Hosane ba tlo kgalla ho o suna,

3. Kajeno ba o entsc setshehisa,

4. Hosane ba tlo bona mohlomphehi,

5. Bophelo ke lebidi, bo a bidika.

6. Kajeno ha ba o bona ba ya o rwaka,

7. Hosana ha o hlaha ba tlo o rorisa,

8. Kajeno ba ya o rahakaka,

9. Hosane ba tlo o ratatakaka,

10. Bophelo ke lebidi bo a bidika.

11. Kajeno ba o qhalla matsoho,

12. Hosane ba tlo kgaketsa ho wena,

13. Kajeno ba ya o hlompholla,

14. Hosane ba tla be ba o hlompha,

15. Bophelo ke lebidi, bo a bidika.

16. Kajeno ba hlatsetsa ho wena,

17.   Hosane ba tla be ba o hlatswetsa,

18.   Kajeno ba o tshwela ka mathe,

19.   Hosane ba tlo o hlakola mathe,

20.   Bophelo ke lebidi, bo a bidika.

Mela ya thothokiso e qetellong ya ditemanathothokiso tsena di le tharo ke lehlaso. Mela ya thothokiso ena e sala e duma ditsebeng tsa mmadi hobane ekare pinanyana e monate ha a ntse a pheta mela ya thothokiso ena.

KAROLO YA BOHLANO

5. 1 Mekgabisopuo

Sethothokisi se atisa ho sebedisa mantswe a kgabisang puo ya
thothokiso hore e be puo e monate, e hohelang ditsebe tsa
momamedi/mmadi. Ha re shebeng mehlala e latelang ya
mekgabisang puo:

o   Karaburetso

Karaburetso ke setshwantsho seo mmadi wa thothokiso a ipopelang
sona ha a ntse a bala thothokiso. Ho na le karaburetso ya ho utlwa,
karaburetso ya ho bona, karaburetso ya ho fofonela, karaburetso ya
ho thetsa/ama, karaburetso ya ho latswa, karaburetso ya tshisimoho
ya mmele.

1.   *Pabala ya pheha tse mathemalodi,*

2.   *Ka kwenya mathe ke sa tswa a kwenya,*

Mona sethothokisi se sebedisitse karaburetso ya pono, le ya ho
fofonela. Hobane mmadi o ipopela setshwantsho sa dijo tseo tse
mathemalodi ka kelellong ya hae mme ekare o se ntse a di bona ka
pela mahlo a hae dijo tseo hape o se a ntse a utlwa monko wa dijo
tseo tse mathemalodi dinkong tsa hae.

23

o   Mothofatso

Mothofatso ke ha sethothokisi se bua ka ntho kapa dintho tse sa pheleng jwalo ka ha e ka di ya phela empa di sa phele.

Mohlala:

1.   *Nyaope e raha tsotsi e se ka itseba,*

2.   *Nyaope e kgopo, ha e bapale,*

Sethothokisi ha se re nyaope e raha tsotsi' molathothokisong wa pele se mothofatsa nyaope hobane se bua ka yona jwalo ka ha e ka ke motho e ya phela. Ha ho na hore nyaope e ka raha motho hobane ha e phele ebile hape ha e na maoto ao e ka a sebedisetsang ho raha motho.

o   Apostrofi

Apostrofi ke ha sethothokisi se bua le ntho kapa motho a sa pheleng jwalo ka ha eka o ya phela kapa o ya utlwa empa a sa utlwe.

Mohlala:

1.   *Lefu o se etsetsang sehloho se jwalo?*

2.   *O nka bao ke ba ratang, o tlohella dira,*

Mona sethothokisi se bua le lefu jwalo ka haeka lefu le a phela kapa jwalo ka ha eka lefu ke motho le ya utlwa hore sethothokisi se ntse se reng.

o   Pebofatso

Pebofatso ke moo sethothokisi se sebedisang mantswe a bebofatsang mantswe a utlwisang bohloko kapa a hlohlontshang ditsebe ka sepheo sa ho etsa hore a fihle hantle ditsebeng tsa mmadi.

Mohlala:

1.   *Kajeno ho robetse mohale wa sebele,*

2.   *Kajeno ho ile lesole la mmankgonthe,*

Molathothokisong wa pele le wa bobedi sethothokisi se sebedisitse pebofatso hobane se re 'ho robetse mohale' molathothokisong wa pele ho na le hore se re ho shwele mohala. Le molathothokisong wa bobedi se re 'le ile lesole la mmakgonthe' ho na le hore se re ho hlokahetse lesole la mmankgonthe.

o   Papiso/Tshwantshanyo

Papiso re e bona ha sethothokisi se bapisa motho kapa ntho le se itseng se sa tshwaneng le sona ka ho phethahala. Sethothokisi ha se bapisa se sebedisa mabupi a latelang a papiso: 'eka', 'jwalo ka','seka','sa' etc.

Mohlala

1.   *Setswalle sa rona se fetse tswekere ya maoba,*

2.   *Se baba jwalo ka mohalakane wa thoteng,*

Molathothokisong wa bobedi sethothokisi se bapisa setswalle sa hae le motswalle wa sona jwalo ka mohalakane. Ha ho bolele hore setswalle sa bona ke mohalakane empa ho ya ka moo se leng bosula ka teng o se bapisa le mohalakane o babang wa thoteng.

o   Tshwantshiso

Mona sethothokiso se tshwantshisa ntho kapa motho le se itseng se tshwanang le yena ntle le tshebediso ya mabupi a papiso. Ka mantswe a mang sethothokisi se tshwantshisa motho/ le se tshwanang le yena ka kotlolloho.

Mohlala:

1.   *Nna botjha ba ka ke palesa,*

2.   *Nna botjha ba ka ke ya bohlompha,*

26

Molathothokisong wa pele sethothokisi se tshwantsha botjha ba sona le palesa ho ya ka moo a nkang botjha ba hae bo le bohlokwa ka teng. Ha a re botjha ba hae ke palesa ha ho bolele hore e fela botjha ba hae e le palesa ka nnete epa feela a bo tshwantsha le palesa.

o   Pheteletso

Pheteletso ke ha sethothokisi se fetelletsa ditaba kapa ntho ka boomo.

Mohlala:

1.   *Kgosi a theoha a palame letsatsi,*

2.   *Maotong a rwetse mphatlalatsane,*

Sethothokisi se fetelletsa ditaba ha se re kgosi o theohile a palame letsatsi ebile a rwetse naledi ya mphatlalatsane hobane ha ho na motho a ka kgonang ho etsa ketso ya mofuta o jwalo.

KAROLO YA BOTSHELELA

6. 1 Kgetho ya mantswe

Sethothokisi ha se kgethe mantswe a mang le a mang feela empa se atisa ho kgetha mantswe a molodi a etsang hore puo ya thothokiso e be e fapaneng le puo ya ka mehla. Ha re lekole mehlala e latelang ya mantswe ao sethothokisi se atisang ho a sebedisa:

o   Khakhofoni

Mona sethothokisi se sedeisa mantswe a nang le medumo e matla kapa matswe a medumo e bohale mme ha ngata mantswe ana e ba mantswe a nyarosang mmele.

1.   *Ba mo kgakgathile ngwanabatho,*

2.   *Ba mo kgama, a sala a rapalletse,*

3.   *Ba mo thakgisa jwalo ka Jeso.*

Re utlwa modumo wa 'kg' ho lentswe 'kgakgathile','kgama' le 'thakgisa'. Modumo ona o matla o duma ha bohloko ditsebeng tsa mmadi hobane o matla ebile hape o nyarosa mmele.

o   Lebotsi

28

Lebutsi re le bona ha sethothokisi se botsa potso e itseng empa se sa lebella karabo kapa ka nako e nngwe sethothokisi se botsa potso se be se ikarabe molathothokisong o hlahlamang. Lebutsi re le bona ka letshwao la potso.

1. *Bokamoso ba ka bo kae wena nyaope?*

2. *Bo phamotswe ke wena diyabolosi,*

Molathothtokisong wa pele sethothokisi se sebedisitse lebotsi. Se ipotsa potso molathothokisong wa pele mme molathothokisong wa bobedi se be se ikaraba.

o   Aptronime

Sethothokisi se reha ntho kapa motho lebitso ho ya ka semelo sa hae kapa ho latela dintho tseo a di etsang kapa dintho tseo a tummeng ka tsona.

Mohlala:

1. *Yonwa mosadi ke senwamadi,*

2. *Banna o ba jele, o ba qetile.*

Sethothokisi se sebedisitse aptronime ha se re mosadi eo ke senwamadi. Ka mantswe a mang o rehile mosadi eo senwamadi ho latela diketso tsa hae tsa ho ja banna ditjhelete tsa bona.

o   Mabitsomararane/mabitsohokwa

Mabitsomararane re a thola thothokisong ha sethothokisi se kopanya mantswe a mabedi ka sepheo sa ho bopa lentswe le le leng.

Mohlala:

1.   *Hobaneng o mpatla kobo monnamoholo?*

2.   *O batla ho nka borwetsana ba ka hlohoputswa,*

Molathothokisong wa pele le wa bobedi sethothokisi se sebedisitse mabitsomararane. Molathothokisong wa pele 'monnamoholo' ke lebitsomararane hobane lentswe lena le bupuwe ka mantswe a mabedi e leng 'monna' le 'moholo'. Le molathothokisong wa bobedi 'hlohoputswa' ke lebitsomararane hobane lentswe leo le bupuwe ka mantswe a mabedi e leng 'hloho' le 'putswa'.

KGAOLO YA BOSUPA

7. 1 Dithothokiso

KODUWA YA 16 PHATO 2012 [Mkhize P. W]

1.   Ya kupa ntwa,

2.   Ha kupa e mahlo a mafubedu,

3.   Dithunya tsa duma,

4.   Tsa thwathwaretsa sa letsolo,

5.   Banna ba hasakana,

6.   Ba tlalatlala le sebaka.

7.   Ntja tsa mmuso tsa ranthanya barafi,

8.   Tsa ba ranthanya di se na kgotso ,

9.   Dikgapha tsa banna tsa kopana le mamina,

10.   Madi a banna a phalla sa noka ya sekoto,

11.   Ditopo tsa sala di entse tutuduhadi,

12.   Ha sala ho nkga lephoka la bobete.

13. Ha kubella hoja ho ne ho sa beswa,

14. Ha nkga hoja ho ne ho sa bola,

15. Barafi ba kopana le dipela di falla,

16. Ba bona sethotsela motsheare.

17. Ngakanahetla ya bolaisa barafi ,

18. E itse dithunya di tla tswa metsi,

19. Jwale ke tseo di ntsha dikulo,

20. Dikulo tsa diya banna fatshe,

21. A ja fatshe ngakanahetla, a kena pooneng.

22. Bana kajeno ba setse e le dikgutsanakgudu,

23. Dikgutsana kajeno di bolawa ke tlala,

24. Basadi ba setse e le bahlolohadi ,

25. Bahlolohadi kajeno ke mekopakopa,

26. Ha ba qete ho kopa.

27. Mohwanto wa qeta barafi,

28. Dintwa ke tsa eng merafong?

29. Banna ha ba sa dula majwana,

30. Ntwa ha se papa ka lebese,

31.   E hlotse dinatla boChaka.

TLOTLONTSWE

o   Barafi:Batho ba sebetsang morafong.

o   Ntja tsa mmuso: Ke mapolesa.

o   Ngakanahetla: Ngaka e sa tsebeng ditaba tsa yona.

LERATO LA MME MOTSWADI [Moleleki Mpho]

1. Lefu la nkukela mme motswadi,

2. Ka sala ke maketse, ke tonne mahlo,

3. Ka lla sa mmokotsane sello,

4. Ka tsetsela bosiu le motsheare,

5. Ke tsetselela la mme lerato.

6. Ka nkwa ke baditjhaba,

7. Ba iketstetsa borata ka nna,

8. Ba nketsa dintho di hana ho fela,

9. Ba nketsa ntho e bapalang,

10. Ba bapalla hlohong ya ka ka mehla,

11. Ka ba ka hlolohela lerato la mme.

12. Lerato la mme e ne e le la nnete,

13. Lerato la mme le ne le se na diqaka,

14. Lerato la mme e ne e le la popota,

15. Pelo ya hae e ne e jeha.

16. Lefu o se etsetsang sehloho se jwalo?

34

17.   O nka bao ke ba ratang, o tlohella dira,

18.   Hoja ka tseba hore o sehloho ha kale,

19.   Ne ke tla iketsa motswalle wa hao

20.   Hore o tsebe ho nhauhela.

21.   Wa tla e baka tabahadi wena lefu,

22.   O e dubile thankga bophelong ba ka,

23.   Ke nyoruwe lerato la mme motswadi,

24.   Ke mang a tla mpha lona hape?

25.   Le tshwanang le la mme ha leyo lerato.

TLOTLONTSWE

o   Baditjhaba: Batho bao o sa ba tsebeng. o Dira: Batho bao o hloyaneng le bona.

LEHURE [Mkhize P. W]

1.   Lehure la mbapala dikwaelana,

2.   Lehure la qhosha ka lerato,

3.   La qhosha hoja ke le ratile,

4.   La qhosha hoja ke le tshepile.

5.   Ne ke re ke itholletse pabala,

6.   Athe ntse ke ingola meno ….

7.   Ke ile ka thetswa ke botle,

8.   Athe sejana se setle ha se jelle,

9.   Se jella baeti feela.

10.   Bua feela ha lerato le fedile,

11.   Nna ke kgathetse ke ho o qeka,

12.   Qekisi o ile a shwela mananeng,

13.   A shwa a ntse a qekisana le batho.

14.   Ha ke mofutsana wa lerato,

15.   Ha ke mokopakopa wa lerato,

16.   Ha ka hlaha lehola ka hanong,

17.   Ke kgeleke, ke tseba ho fereha.

18.   ke o ntshitse bofetweng,

19.   Bahlankana ba o tludisa mahlo,

20.   Kajeno o kenang bohle,

21.   Banna ba kena ba tswa ho wena.

22.   La nqhoshetsa lehure,

23.   La mmommona dilopotsie,

24.   Kajeno lehure ha le sa tshwareha,

25.   Le thella sa tlhapi ya babore ka metsing.

TLOTLONTSWE

o   Qhosha: Ho ikgantsha.

o   Mofutsana: Motho a hlokang.

o   Lehure: Monna/mosadi a ratanang le batho ba babedi kapa ho feta.

KE NAKO, HA KE KGETHE [Moleleki Mpho]

1.   Ha ke na thaka,

2.   Ha ke batle motswalle,

3.   A ka o siya pitseng e belang,

4.   Wa sala o tjha o le mong,

5.   Ha ke na qenehelo,

6.   Ha ke kgathalle ho tshetjwa.

7.   Ha ke o fitile o lebale,

8.   Nna ke nako, ha ke na thaka,

9.   Ha ke kgeme le motho,

10.   Motswalle ha ke mohloke,

11.   Ha ke emele motho,

12.   Ntho ya ka ke etsa ke le mong.

13.   Moo ke yang teng ke hole,

14.   Ha ke hloke motataisi,

15.   Tsela ke e tseba ke tutubetse,

16.   Ha e le mokwetlisi ha ke mo hloke,

17.   Nna ke kwetlisitswe kgalekgale,

18.   Nna ke tsamaya ha monate.

19.   Bophelong nna ha ke kgethe,

20.   Ho kgetha ke ho kgora,

21.   Ke kwenya jwalo ka fariki,

22.   Kolobe e nnonne, e tenya,

23.   E tenya, ha e kgethe.

24.   Nna ke kabelwamanong,

25.   Ke tseba ho sella ya ka mpa,

26.   Ke motho le ho ikgwantlella,

27.   Ke nako, ha ke kgethe.

TLOTLONTSWE

o   Thaka: Motho eo o lekanang le yena ka dilemo.

o   Qenehelo: Ho hauhela motho.

o   Mokwetlisi: Motho a o rutang ho etsa se itseng.

BADIMO [Mkhize P. W]

1.   Ntumelle ke imolle maima le mahloko,

2.   Ntumelle ke hlatse mabinabine a pelo,

3.   Etswe e jere dikidibitla tsa majwe,

4.   Pelo ya ka e otla sa tshupanako,

5.   Hobane ke imetswe ka hare ho nna.

6.   Hoja ke se monna, ne ke tla leba mabitleng,

7.   Teng ha ke fihla ke lle sello sa mmokotsane,

8.   Se tsosang bafu baholo ba ka kaofela,

9.   Jwale nka se lle hoba monna ke nku ha a lle.

10.   Hoja ne ke tseba ho betla fonofofono,

11.   Ne ke tla betla e letsetsang bafu,

12.   Ke letsetse bo Ntleru, Molifi le bo Letshaba,

13.   Ke tswibilele bo Poulo, ka bo Buti melaetsa,

14.   Ke re tlong le tlo thusa, kgomo e wetse.

15.   Hoja ne ke kgona ho qapa mmotokara,

16.   Ne ke tla qapa o kgonanga ho ya lehodimong,

17.   Ha ke fihla teng ke palamise badimo ba heso,

18.   Ne ke tla palamisa boJwalane ka boMmemme,

19.   Ke boele hape ke laele bo Mthagathi ka boSesi ,

20.   Ke re ho bona tlong le tlo rarolla qakahadi.

21.   Hoja ne ke le Modimo, ne ke tla letsa terompeta,

22.   Ke e letse ha monate hore badimo ba tsohe,

23.   Ne ke tla ba letsetsa lehlaso le tla ba phaphamisa,

24.   Ke ba phamise ka mmino o molodi wa dinonyana,

25.   Ha ba phaphama ke re tlong le tlo e hlanaka,

26.   Ke re tlohong le tlo thoba ya ka pelo.

TLOTLONTSWE

o   Dikidibitla tsa majwe: Ke majwe a maholo.

o   Ho tswibilela: Ho romella motho molaetsa ka mohala wa thekeng.

o   Terompete: Ke seletswa seo o se letsang ka ho budula marama.

SEKOLO SA TSEBO [Moleleki Mpho]

1. Boitshwaro ke bona ba haesale,

2. Thuto e tsoha boroko kolong sena,

3. Bohlweki ba teng bo ya tsoteha,

4. Botle ba bana bo kgahlisa mahlo.

5. Matitjhere a itelletse thuto, lefa la bana,

6. Mesuwe e ja koto, ba ja lesela,

7. Ke dikwete tsa nnete,

8. Ba rata mosebetsi,papadi ba ya e kgesa,

9. Tshebedisanommoho o e bona ka mahlo,

10. Ba ikentse kgokanyana phiri.

11. Moaparo wa sekolo sena o ikgethile,

12. O ikgethile ka bosehla bo botlehadi,

13. Botle ba teng ke bo hohelang mahlo,

14. Bana ekare dinotsi tsa mahe ka hara wona.

15. Diperesentse tse lekgolo ke moetlo kolong sena,

16. Kolo sena se ntsha dihanka,dikwakwari tsa thuto,

17.   Ha o sa nkgolwe letipetipe, o lo botsa Molelekeng,

18.   Molelekeng, thope ya ho beha Qwa Qwa mmapeng,

19.   Moshe le Lekgotla le bona ba ile ba e baka taba,

20.   Ha o sa nkgolwe matha o lo botsa Tate Makgwe.

21.   Mosuwehlooho wa kolo sena ha je mosha,

22.   Empa mosha a ka o besa, a o besetsa ba o jang,

23.   Ha o sa mo tsebe o botse baithuti ba ditlokotsebe,

24.   Baithuti ba ditlokotsebe ba mo tsahaba lebekebeke,

25.   Yonwa motho ha a je maeba le bale,

26.   Masawana ha a tsamaisane le ona.

TLOTLONTSWE

o   Ho ja koto: Ho apara hantle.

o   Letipetipe: Ho tsamaya ka potlako.

TSHWARELO [Mkhize P. W]

1. Beha pelo sekotlolong motswalle,

2. Se mphelle pelo motswalle wa ka,

3. E kgotjwa e le maoto a mane,

4. Ka a mabedi ke tla etsang?

5. Beha pelo sekotlolong motswalle,

6. Ke fahlile mmuso ka lehlabathe,

7. Ntshwarele motswalle wa ka,

8. Ha e hate ka maru wa mphato.

9. Beha pelo sekotlolong motswalle,

10. Ne ke nahana sa motswalle ke sa ka,

11. Ke nahanne hore Dineo ke wa rona,

12. Ne re ikutswitse feela motswalle,

13. Ntshwarelle ka ho inkela sa hao,

14. Nkinele matsoho metsing moswalle.

15. Beha pelo sekotlolong motswalle,

16. Setswalle sa rona se tswa holehole,

17. Kgale re ntshana se inong wena mmeke,

44

18. Haesale re tshwarane ka matsoho.

19. Beha pelo sekotlolong motswalle,

20. Se ka mphella pelo motswalle wa ka,

21. Ha nka lahlwa ke wena nkaba wa mang?

22. Ntle le wena ha ke letho motswalle,

23. Nna le wena re monwana le lenala.

24. Beha pelo sekotlolong motswalle,

25. Ke ile ka nkuwa ke lefufa motswalle,

26. Moharo o ile wa bapala ka nna.

TLOTLONTSWE

o   Ho kgotjwa: Ho wa o sa nahana o diuwa ke ntho e itseng jwalo ka lejwe, terata etc.

o   Lehlabathe: Lerwele le nang le majwe a masesane.

LE WENA O JWALO [Moleleki Mpho]

1.   O ikentse motshepuwa ka hara batho,

2.   Batho ba o rolela kgaebane ha o hlaha,

3.   O ba kgalema o sa tswa ba kgalema,

4.   O ba eletsa o sa tswa ba eletsa,

5.   Se ka iketsa moeletsi,

6.   Hobane le wena o jwalo.

7.   Ha le phirima o sesebetsi,

8.   Sesebetsi se rerang ka nomoro,

9.   Motsheare o moruti, o ya halalela,

10.   O halalela ka lentswe la Modimo,

11.   Se ka iketsa mohlanka wa Modimo

12.   Hobane le wena o jwalo.

13.   O di etsa bosiu, ka mafifi,

14.   O lebetse sekgukguni se a bonwa

15.   Se bonwa ke sebataladi.

16.   Motsheare o motshepuwa,

46

17.   Bosiu o mmolai wa letoto,

18.   O re etsa tsuonyana robala

19.   Tse ding di robetse

20.   Hobane le wena o jwalo.

21.   Rona ba bang re o tseba hantle,

22.   O tshukudiso ngwanabatho,

23.   Se ka iketsa mohalaleli a halalelang

24.   Hobane le wena o jwalo.

25.   O motshepuwa ho ba sa o tsebeng,

26.   O moruti ho ba sa o tsebeng,

27.   Ho rona o tla dula o le moleko,

28.   Hobaneng o bapala ka rona?

29.   Hobane le wena o jwalo.

TLOTLONTSWE

o   Motshepuwa: Motho a tshepahalang.

o   Sekgukguni: Motho a etsang ntho a ipatile hore batho ba se
ka mo bona.

SETSWALLE [MKHIZE P. W]

1. Weso o motswalle wa popota,

2. Re metswalle ya hloho ya kgomo,

3. Nna le wena re kgokanyana phiri,

4. Re kopane sa borikgwe le lebanta,

5. Ka nako tsohle ha ke lla, o lla le nna,

6. Ha ke nyakalletse, o nyakalla le nna,

7. Ka mehla o ntentsha tsheya,

8. Ntle le wena ha ke letho.

9. Kajeno setswalle sa rona se shwele,

10. Kajeno phedisano e fedile,

11. Nna le wena re tsohelana matla,

12. Re lelekisana sa ntja le katse ,

13. Setswalle sa rona se fetse tswekere,

14. Se baba jwalo ka mohalakane wa thoteng.

TLOTLONTSWE

o   Sebele: Ntho ya nnete.

o   Kgokanyana phiri: Ho kopana.

48

o   Tsheya: Seaparo sa banna se entsweng ka letlalo. o
Mohalakane: Moriana o phekolang mala.

NTHATUWA [Moleleki Mpho]

1.   Banana ke mantletsetse,

2.   Barwetsana ke ditiletile,

3.   Empa o mong a ikgethileng,

4.   Ke bua ka pabala, sekgotswa ke bohle.

5.   Enwa ngwanana ke mollelwa,

6.   O llelwa ke bohle bahlankana,

7.   Bahlankana ba ipatla ho yena,

8.   Ba mo kgotsa sesafeleng.

9.   Mona ke bua ka semomotela,

10.   Semomotela sa ha Monethi,

11.   Botle ba hae ka ba kgalala,

12.   Kgalala ya thelevesheneng.

13.   Manyala ha a batle, o ya a kgesa,

14.   Nthatuwa ha a je mosha,

15.   Mosha o besetsa ba o batlang,

16.   Ena kgarebe ha se potele

17.   E kgwathwang ka lehlaka.

18.   Melo sa hae se ya kgalleha,

19.   Ha ne ke na le maloti ne ke tla se reka,

20.   Ha ho ya tshwanang le yena kgarebe,

21.   Ke potile Aforika Borwa ena yohle.

22.   Ramasedi o bopile,a bopa e ntle thope,

23.   Batswadi ba hae ba tsibile ho tswala,

24.   Ba tswetse se setle semomotela,

25.   Hoja lapeng ho ne ho na le leruo

26.   Ne ke tla romella bo malome.

TLOTLONTSWE

o   Mosha: Phoofolo e ratang ho qamaka. o Mollelwa: Ntho kapa
        motho a llelwang.

O   Maluti: Ke tjhelete e sebediswang naheng ya Lesotho.

TSHEHLANA [MKHIZE P. W]

1. Botle ba hae bo a tsoteha,

2. Ekare ke ba seilatsatsi wa tshomong,

3. O motle, ekare o hlapa ka lebese,

4. Diollamora tsa hae di eme phashasha,

5. Bosehla ba hae bo kgantsha lefifing,

6. Ha motlakase o wele bo kgantsha ntlo,

7. Bahlankana ba kwenya mathe ha a hlaha,

8. Banna ba matha lepatlapatla ka mora hae.

9. Ba iponela mahe feela, ha ba bone leraba,

10. Ba iponela bosehla ha ba bone phamokate,

11. Phamokate e tlo ba phamola maphelo a bona,

12. Hoja ne batseba hore jana se setle ha se jelle,

13. Ba ne ba sa tlo iketsa mehatla ya tshehlana

14. Tshehlana, perekisi e tshehla e na le sebodu.

TLOTLONTSWE

o   Tsoteha: Ntho e kgahlang mahlo.

o   Diollamolora: Ke matswele a emeng a morwetsana.

o   Phamokate: Ke lefu/bolwetse bo keneng ka thobalano.

52

NTATE O MPATLANG? [Moleleki Mpho]

1.   Nna ke Naledi, ngwanana Mosotho,

2.   Ha ke hloke maqhekwana phelong ba ka,

3.   Botjha ba hao o bo jele lekemekeme,

4.   Nna ke tla nyalwa ha nako e dumela,

5.   Ke nyalwa ke letjetje le lemong tsa ka,

6.   Sehatamarukgwana ha ke se hloke.

7.   O tsofetse, tshiu di ile,

8.   E fetile nako ya hao amohela,

9.   Botjheng ba hao ha ka o sitisa,

10.   Se ka nsitisa ho ja botjha ba ka.

11.   Nna botjha ba ka ke palesa,

12.   Nna botjha ba ka ke ya bo hlompha,

13.   Le ha o ka se bula sepatjhe sa hao,

14.   Ya hao tjhelete ha ke e hloke monnamoholo.

15.   Hobaneng o mpatla kobo monnamoholo?

16.   O batla ho nka borwetsana ba ka hlohoputswa,

17.   Borwetsana ba ka ha se ntho ya ho bapala,

18.   Ntate ke sa le kgarebe, thaka tsa hao di kae?

19.   Nako ya hao e fitile, tswa ho nna.

TLOTLONTSWE

o   Maqhekwana: Batho ba tsofetseng.

o   Lekemekeme: Ho etsa ntho ka potlako o sa kgathalle letho.

O   Letjetje: Ke motho a so etse thobalano ho hang.

SEKOLO SA SELELEKELA [Mkhize P. W]

1.   Sekolo se teng se rutang,

2.   Se rutang ho di feta kaofela,

3.   Ha o sa nkgolwe matha la Ntshwekge,

4.   O mathele motseng wa Phuthaditjhaba,

5.   O tla thola sekolo mmileng wa Mamello,

6.   Bitso la sona ke Selelekela Secondary School,

7.   O tla kgutla o hapehile pelo ke botle ba sona.

8.   Selelela ke dibeng sa thuto ya bana,

9.   Baithuti tlohong le tlo nwa metsi a sena sediba,

10.   Sena sediba ha se sa mosadi wa Mosamareya,

11.   Mosadi wa ho tima Jeso metsi a nyoruwe,

12.   Manyabolo a sena sediba a nyorolla bohle,

13.   Ha a kgethe nku ka pere.

14.   Sena sekolo se dutse pelong ya ka,

15.   Se hana ho tloha mehopolong ya ka,

16.   Selelekela se thotse tulo pelong ya ka,

17.   Ke se rata ka mmele, pelo le moya.

18.   Nka se tella tsohle tsa ka.

19.   Selelekela ho ruta dikwakwariri,

20.   Dikwakwariri tsa ho fepa bana thuto,

21.   Matitjhere a sena sekolo ha ipehe fatshe,

22.   Ba nyantsha baithuti thuto ya nnete,

23.   Ba tetse malapa a bona,

24.   Ba itelletse bana ba setjhaba.

25.   Sekolo sa Selelekela ke thathohatsi,

26.   Se nkentse ke be motlotlotlo,

27.   Ke ikotla sefuba ka sena sekolo,

28.   Sekolo sa ho betla ena kakapa,

29.   Ke tla dula ke ikgantsha ka Selelekela,

30.   Sekolo sa Selelekela, kanana ya baithuti,

31.   Selelekela sekolo sa popota,

32.   Pele ya Pele Selelekela.

TLOTLONTSWE

o   Ho kgetha nku ka pere: Ho kgetholla kapa ho kgesa batho.

o   Thatohatsi: Ntho kapa motho eo o mo ratang ka pelo ya hao kaofela.

O   Ho itela: Ho etsa ntho e itseng o ikemiseditse.

KE NE KE O RATA NGWANANA [Moleleki Mpho]

1.   ka nnete, ke ne ke o ratile,

2.   Maikutlo a ka ohle a le ho wena,

3.   Pelo ya ka yohle e le ho wena,

4.   Pelo e ne kupa bosiu le motsheare,

5.   E kupiswa ke maikutlo a lerato.

6.   Ha wa mpha phomolo moyeng ,

7.   Kajeno ke wena a nketsang tje?

8.   Joo! Ke ne ke o rata ngwanana,

9.   Moya wa ka o sutlile Sebolelo.

10.   Ne ke o rata ka lerato la nnete,

11.   Wena wa kgetha ho bapala ka lona,

12.   Wa kgetha ho le hulanya majweng,

13.   Le jwalo lerato ha o sa tla le thola.

14.   O ikgethetse ho phela ntle le nna,

15.   Modimo o mphile Sebabatso,

16.   Lerato la hae le ya kgaphatseha ho nna,

17.   O nrata ka lerato la nnete eo morwetsana.

18.   Jwale ya hao nako e fetse Sebolelo,

19.   O bapetse ka yona, o e sentse,

20.   Moiketsi ha a llelwe nnake,o ikgethetse,

21.   O ikgethetse ho qhala lerato la rona.

22.   ke ithutile ka wena Sebolelo,

23.   Ke se ke tseba tse ntle le tse mpe,

24.   O nhlotse re sa lwana Sebolelo,

25.   Pelo ya ka e matsohong a Sebabatso,

26.   Nna le wena re se re le pale ya maoba.

TLOTLONTSWE

o   Ho hulanya: Ho tosa ntho ka lerapo kapa ka kgwele.

O   Pale ya maoba: Pale e fetseng/e fitileng.

NYAOPE [Mkhize P. W]

1.   Satane towe ntese ke ye sekolong,

2.   Sutha ke rutehe moleko,

3.   Mphe sebaka ke phehle dibuka,

4.   Ntshiruwe, ke rate sekolo hape.

5.   Se ke tshaba sekolo nyaope,

6.   Kajeno madi a ka ha a kopane le sekolo,

7.   Ke se hlohile sa katse e hloile tweba,

8.   Nna le dibuka ne re le mathe le leleme,

9.   Kajeno re dira, o qhadile maqhama a rona.

10.   Dijo ha ke sa di lakatsa,

11.   Ke lakatsa wena feela,

12.   O nkentse ke be letsoho nyaope,

13.   Tjhelete ha ke batle ho e panya,

14.   Ha ke e thotse ke reka wena.

15.   Nyaope kgaohana le nna,

16.   Ntlohelle ke phele ka kgotso,

17.   Fatshe lena ke la mmupi,

18.   O itse re phele ka kgotso ho lona.

19.   O nqetile ke sa le monyenyane,

20.   Wa nkamoha bokamoso ba ka,

21.   Wa nkarohantsha le sekolo,

22.   O tlisitse mahlomola phelong ba ka.

23.   Ntlohelle ka kgotso nyaope,

24.   Ntlohelle, nna ke ya o tshaba,

25.   Ke utlwile ke wena satane,

26.   Ho fetse ka nna, o nqetile,

27.   Ho neng ke lla, ke bokolla ke wena?

TLOTLONTSWE

o   Ntshiruwe: Ho tloha ka pela motho hore a kgone ho bona se itseng.

o   Mmupi: Ke modimo eo e leng yena a bupileng ditho tsohle.

o   Ho bokolla: Ke ho lla.

MPHOQE HO LUKILE [Moleleki Mpho]

1.	Nketse sekatana ho lokile,

2.	Nkentse setlatla ho lokile,

3.	O nahana pelo ya ka ke tshepe,

4.	O nahana ha ke utlwi bohloko,

5.	O lebetse ke motho wa nama le madi.

6.	Mphoqe, o thabise dira tsa ka,

7.	Mphoqe , o nyakallise ba direng,

8.	Bapala ka nna, o nketse popi ya hao,

9.	Ntshetsa malokobe ho nna ho lokile.

10.	O Bapalla hlohong ya ka hobane ke hloka,

11.	O nketse lekgoba hobane ke futsanehile,

12.	Wa nketsa sekatana hobane ke se na ba heso,

13.	O mbapala dikwaelana hobane ke le sono,

14.	Mbapale dikwaelana ho lokile.

15.	Ba hao bana o tshabana le bona lebekebeke,

16.	O ba entse dikgalase, ho wena ke mehope,

17.   Ke me hope ya kgauta e khatsimang,

18.   Bona ha ho na motho a ba phoqang.

19.   Ha o mpona o bona mokopakopa o lapileng,

20.   Ha o bona nna o bona lebala la papadi ya bolo,

21.   Ha o ntadime o iponela lenyeka thipa la motho.

22.   O mphoqe, o ntse o hopola ke motho,

23.   ke motho wa nama le madi,

24.   O se ka itebatsa hore ke tswetswe,

25.   Ke tswetswe ke mme le ntate ,

26.   O se ka lebala ke ngwana Modimo,

27.   Modimo o nrata jwalo ka ha a o rata.

TLOTLONTSWE

o   Dira: Batho bao o sa utlwaneng le bona.

o   Malokobe: Ho kwata.

PULA E KAE? [Mkhize P. W]

1.   Kajeno metsi a ptjhele,

2.   Lenyorwa ke la bojadikata,

3.   Nketjwana ha a qete ho lla,

4.   O lliswa ke komello ya metsi.

5.   Dinoka di phalla dikgwerekgwere,

6.   Didiba ha di sa kopotsa metsi,

7.   Matamo a talafetse ke bolele,

8.   Masimo a omelletse ke lenyorwa,

9.   Basotho ba kgathetse ke jojo.

10.   Madiba a pjhele pjhi!

11.   Basadi ha ba sa bapala lesokwana,

12.   Bana ha ba sa bapala mankokosane,

13.   Bana ha ba sa kola dikokobele,

14.   Nokeng dihlapi ha di sa raha leqhamu,

15.   Matata ha sa qwela ka diqanthaneng,

16.   Dikwidikwidi di ya phalla dinokaneng,

17.   Kganyapa o kwatile,o kgenne,

18.   O halifisitswe ke lenyorwa la metsi.

19.   Ha e ne pula, matamo a tlale tswete!

20.   Ha e theohe pula, didiba di kopotse,

21.   Ha e otle pula,dinoka di phophome,

22.   Ha e otle pula,bana ba kole dikokobele,

23.   Ha e tle bana ba etse sakana la nkope

24.   Ba bepale papadi ya pula, mankokosane,

25.   Le ha e le mahlopha a senya re ya e hloka.

TLOTLONTSWE

o   Nketjwana: Ke senqanqane.

o   Dikokobele: Dikokonyana tse fofang mme di tholahala ha pula e nele feela.

O ILE NKGONO (MKHIZE P. W

1.   Phomola nkgono, phomola,

2.   O mohale nkgono, o mohale,

3.   Ya kgakgaulane o e lwanne ntwa,

4.   Se o salletseng ke moqhaka....

5.   Se tsamaile sekwankwetla ,

6.   Se robetse ha sala makwala,

7.   Le orohile leqhekwana la seithati,

8.   Le orohetse hodimo badimong.

9.   O hodisitse mme motswadi ka lerato,

10.   Kajeno mme ke mosadi o ikemetse,

11.   Wa hodisa ditlohohlo ka lerato,

12.   Kajeno ke barwetsana le bahlankanai.

13.   Dipelo di setse di le ntsho,

14.   Di ntshofaditswe ke tlholohelo,

15.   Meya ya sala e hlorile

16.   E hlorisitse ke lefu la nkgono,

17.   Ya re hlaba tsenene ya lefu,

18.   Dipelo tsa sala di bulehile masoba,

19.   Ra sala tlokotsing, ra sala mahlomoleng.

20.   O ile nkgono, setumo se setse,

21.   Se siuwe ke mesebetsi e tsotehang,

22.   La hae lebitso le tla sala le roriswa,

23.   Le ngotswe bukeng ya bo mmampudi,

24.   Pale ya hae o e ngotse.

25.   Re roballe, o phomole nkgono Nnuku,

26.   Robala ka kgotso, o phomole,

27.   O re lokisetse madulo pele.

TLOTLONTSWE

o   Mohale- Ke mohlodi

o   Tlokotsing-Ho ba mathateng.

o   Ho roriswa: Ho theholetswa ka se setle seo o se entseng.

KOLOI YA BOSIU [Mkhize P. W]

1. Ena koloi ke ya mehlolo,

2. Ebe mobetli wa yona ke mang?

3. Dikoloi tse ding di na le mabitso,

4. Ena koloi yona ha e na lebitso,

5. Lebitso la yona ke mang?

6. Ena koloi ke ya mehlolo,

7. Dikoloi tse ding di tsamaya mmileng,

8. Koloi ena yona e fofa sepakapakeng,

9. Dikoloi tse ding di tsamaya ka mafura,

10. Ena yona ha e hloke petorole,

11. Petorole ya yona e rekiswa kae?

12. Ena koloi ke ya mehlolo,

13. Moqhobi o e kgana a le sheleng,

14. O e kganna ntle le kgwele thekeng,

15. Seo seaparo se bitswang?

16. Ena koloi ke ya mehlolo,

17. Dikoloi di tsamaya di kgantshitse bosiu,

18. Ena e tsamaya e sa kgantsha lefifing,

19. Lebone la yona le bonisetsa mokganni feela,

20. Ke le jwang lena lebone?

21. Ena koloi ke ya mehlolo ,

22. Bakganni ba kganna ka mangolo,

23. Wa ena o kganna ntle le lengolo,

24. Kapa e na le lengolo le ikgethileng?

25. Ena koloi ke ya mehlolo,

26. E fofela holehole le mafatshe,

27. E fofa sa nonyanatshepe sesasanki,

28. Bakganni ba kenya mabanta a pholoso,

29. Wa ena koloi o taka methokgo.

TLOTLONTSWE

o   Sepakapakeng: Hodimo moo ho tsamayang difofane le ditho tse ding tse fofang jwalo kadinonyana.

o   Moqhobi: Motho ya kgannang koloi.

o   Mmileng: Tseleng /sekontiring seo dikoloi di tsamayang ho sona.

SETSHEHO SA BOHATA [Mkhize P. W]

1. Hela wena Ntshenabeke!

2. O tlo qeta neng ho keketeha?

3. O dula o senne,o behile meno ka ntle,

4. Tshintshi di ya kena, be di tswe ka hanong.

5. Ho wena mathata a batho ke motlae,

6. Dillo le mahlomola a bona di ya o nyakallisa,

7. Koduwa ho wena e tlisa dikgapha tsa lethabo,

8. Ha o tsheha, o tshehisa bohata.

9. Qeba la monna ha le tsheuwi,

10. Ha o le tsheha o ya ipiletsa,

11. O ipiletsa tshwene ka mora thaba,

12. Motshehalefuma o a ipiletsa,

13. Tshehisa bohata, o ipiletse mahlomola.

14. Tshehisa boswaswi, o meme mathata.

15. Tsheho sa bohata se a qabanya,

16. Se qabantse monna le mosadi,

17. Sa qhala malapa a mofuthu,

18. Se arohantse metswalle,

19. Sa qhala setswalle sa popota,

20. Tsheho sa bohata se qhala kgotso.

21. Se ka tshehela ruri,

22. Le tla o tjhabela le wena,

23. E tla o nela e marothodi a matenya,

24. Ho na le matsatsi a supa a ho tsheha,

25. Ho na le matsatsi a supa a ho hlonama,

26. Tsheha o ntse o kgutla Ntshenabeke.

TLOTLONTSWE

o   Ho nyakallisa: Ke ho thabisa.

o   Ho sena: Ho dula o behile meno ka ntle.

o   Boswaswi: Ho etsa motlae.

MME WA RORISANG [Mkhize PW]

1. Pelo ya ka e matha kgateyane,

2. Pelo ya ka e titima thoteng tse tjheleng,

3. Ke ya shwa, ke ya epelwa ke wena ,

4. Bosiu ha ke bohlothe boroko ke wena,

5. O nrobatsa ka thoko ho mosamo thope.

6. Mmele wa hae o bapadisa jwalo ka pikoko,

7. Sefahleho sa hae ke se boreledi, se ya rella,

8. Mahlo a ena papala a hlakile sa lebese,

9. Moriri wa hae o bolepu, ekare wa lenyesemane.

10. Ha ke o bona ke bona pabala ya kgarebe,

11. Kgarebe ya ho ihapela maikutlo a ka,

12. Nna ke kgethile wena, ke ratile wena thope,

13. Wena o lehakwe la pelo ya ka,

14. Re tla arohanywa ke lefu feela.

15. Mahlong a ka ke wena feela sematsatsa,

16. Ho nna ke wena feela seponono se setle,

17.   Bo malome ba hle ba itukisetse tsela e yang heno,

18.   Ke batla ba lo nkopela mohope wa metsi,

19.   Lapa la heno le sale le re o ne o nneile eng,

20.   Ha ke sa kgona ho ishwara, ena thope e nkgahlile.

TLOTLONTSWE

o   Pikoko: ke mofuta wa nonyana o ratang ho bapala ka masiba.
o   Sematsatsa: Ke motho a motle.

O   Lenyesemane: Ke Lekgowa.

LENYALO [Mkhize P. W]

1. Nkilo hlathe e lelekisa tsebe,

2. Ho yena bofetwa ke pale ya maoba,

3. Kajeno o ja monakaladi wa kcbolelwa,

4. Palamonwana o kentse ya kgauta,

5. Thope o tshwere e tshabileng lefatshe,

6. Bo mmangwana ba hlaba modidietsane,

7. Dieta o rwetse tsa tlalo la kwena,

8. Bo tjena botle ha ke so bo bone.

9. Kajeno dintho di entse hlanaphetho,

10. Kgotso e qhalehile lelapeng la Nkilo,

11. Kajeno Nkilo o lla bosiu le motsheare,

12. O re lenyalo ha se papadi ya morabaraba,

13. Kajeno Nkilo o re hoja a se ke a nyala Morwesi,

14. Kajeno moeka o batla ho lahla palamonwa.

TLOTLONTSWE

o   Bofetwa: Motho a sa nyalweng.

- o   Palamonwana: Ke sehlahiswa se kenywang ke banyalani monwaneng wa bobedi letsohong le leshehadi.

- o   Motho a tshabileng lefatshe:Ke motho a molelele ka seemo.

LE HA O KA E TIMAMETSI E NTSE E TLO …. [MKHIZE P. W]

1.   O ne o re o qetila ka nna

2.   Athe o mpha bophelo,

3.   O ne o re o nkwalla ka ntle

4.   Athe o mpulela menyako.

5.   O ne o re o ya nswetsa

6.   Athe o ya nhlohonolofatsa,

7.   O ne o nahana o bohlale

8.   Athe o otseotse ya motho.

9.   O ne o nahana o tsebanyane

10.   Athe ho lefifi,ke bosiu ho wena,

11.   O ne o nahana o ya nsotla

12.   Athe o nruta ho ba monna.

13.   O ne o nahana o ya nsulafalletsa

14.   Athe o ya nyakallisa,

15.   O ne o re o ya mphenetha,

16.   Athe o mpha bophelo bo sa feleng.

17.   O ne o re o ntima mosebetsi

18.   Athe o mpha mesebetsi e lekgolo,

19.   O ne o re o ntima bohobe ke lape

20.   Athe o mpha mahobe a kgora.

21.   O ne o re o qetile ka nna

22.   Athe ha o so qale letho,

23.   O ne o re o ya nsulufalletse

24.   Athe o ya nyakallisa.

25.   O ne o re ho fetse ka nna

26.   Athe ke na le bokamoso,

27.   O ne o re o ntima manyabolo

28.   Athe sediba ke sa Ramasedi.

TLOTLONTSWE

o   Otseotse: Setlatla se dulang se ntse se otsela. o Manyabolo:
      Ke metsi.

NKWAPO [Mkhize P. W]

1.   Ntwa ke moetlo ho wena,

2.   Ha o tshabe ho e lata letailana,

3.   Noha o e kgwatha mokoting,

4.   O tshajwa ke batho kaofela,

5.   O tshajwa ke bana le bomma bona!

6.   O leqhoko, o leqhope.

7.   Dikgoka ke ntho ya hao,

8.   Wena le kgotso ha le utlwane,

9.   Ha o hlaha batho ba ya sulafallwa,

10.   O dula o rora jwalo ka tau e tona,

11.   Hantlentle o tlo ba le kgotso neng?

12.   Difaqane ho wena ke bohobe,

13.   Wena le ntwa le metswalle,

14.   Le metswalle ya hloho ya kgomo,

15.   Ho qabana le batho ho o tlisetsa lethabo.

16.   Ntwa ho wena e ya rena,

17.   E nkile puso pelong ya hao,

18. Matsoho a dula a hlohlona,

19. Ke monna ofe a tla o nyala?

20. Banna ba ya o tshaba nkwapo.

21. Ha bo boi ha ho lluwe

22. Ha bo mohale ho phelwa ka dikgapha,

23. Dikgapha ba kofella ka tsona ka mehla,

24. Ba tla o hatisa masepana dinamane nkwapo,

25. Di tla o thakgisa thaka tsa hao.

TLOTLONTSWE

o   Nkwapo: Mosadi a ratang ntwa.

o   Difaqane: Ke dintwa.

o   Rorisa: Ho theholetsa motho ka se itseng seo a se entseng.

NTATE KGUTLELA HAE [Mkhize P. W]

1. Ke tshwerwe ke mehopolo,

2. Menahano ya ka ha e nrobatse,

3. Ka ha kc batla ho tseha ntate,

4. Ke batla ho ama wa ka motswadi.

5. Moya wa ka o hana ho phothuloha,

6. Ho fihlella ke bona wa ka motswadi,

7. Moya towe ebe o tla mpha sebaka neng?

8. Moya wa ka o tla kgutsa ha nka bona ntate.

9. Bana ba bang ba na le bontate,

10. Wa ka ntate ha ke mo tsebe,

11. O nkuwe ke setsokatsane sa moya,

12. Sa motsokotsa sa mo lahlela pooneng,

13. A kena pooneng dilemolemo tse putswa.

14. Wa ka ntate o nkuwe ke ntja,

15. Ya mo nka e se lesapo la nama,

16. A nkuwa ke menate ya lefatshe,

17.   Kgauta ya ikgapela yena,

18.   A nsiya ke le lekgabunyane.

19.   Ntate tloho hae hle,

20.   Tloho hae, o thabise ya ka pelo,

21.   Kgutla hle ngwana monna,

22.   Tloho ke tsebe ho kgotsofala moyeng.

23.   Ntate ke tla qwela dikeleding tsa ka,

24.   ke tla qwela ha o sa kgutlele hae,

25.   Tloho hae, o tlohelle ho iphethola lekgolwa.

TLOTLONTSWE

o Mehopolo: Dintho tseo o di nahanang ka kelellong.

o Setsokotsane: Ke sefefo se matla.

o Lekgabunyane: Ke ngwana a monyane,a qetang ho hlaha.

MOSADI KE MOHALE [Mkhize P. W]

1.   Mosadi thipa o e tshwara ka bohaleng,

2.   O e tshwara ka mo e hlabang,

3.   Mosadi wa sebele ke tau e masene,

4.   O na le maqite le masene a bophelo,

5.   Bophelo o bo tseba jwalo ka ha a itseba.

6.   Bophelo le ha bo le matswedintsweke,

7.   Bana o ba fudisa makgulong a matala,

8.   Lerato la hae baneng le a kgapatsheha,

9.   Mathata o a apesa pososelo.

10.   Matshwenyeho o a rwesa lebonyo.

11.   Mosadi ke mohale,

12.   Ke mohale wa mmakgonthe,

13.   O lwana ya sedula-matswapong ntwa,

14.   A hae makgabunyana o itelletse ona.

15.   O ba hlophisetsa tse yang ka maleng,

16.   Ba sale ba ntse ba itatswa menwana.

17. Mosadi ke mohlokomedi,

18. O hlokomela wa hae monna,

19. O hlatswa lehlena la monna,

20. O le hlatswa a le etse motho.

21. Re o rolela katiba wena mosadi,

22. O tshwanelwa ke dithoriso,

23. Re o opela ditlatse wena mosadi,

24. Re eme phashasha re o otlela saluti,

25. O lokelwa ke hlompho.

TLOTLONTSWE

o   Masene: Ke maqheka/maqiti.

o   Makgulong: Sebakeng seo dikgomo di fulellang teng moo ho nang le bojwang.

o   Matshwenyeho: Ke mathata.

o   Ho nyefolo: Ke ho kgesa kapa ho kgetholla motho.

TITJHERE [MKHIZE P. W]

1. Titjhere ke lesedi!

2. Lesedi le kgantshetsang bana,

3. Le ba kgantshetsa tsela ya bophelo,

4. Le ba bonesetsa ba bone bokamoso,

5. O fana ka lesedi ho qhala lefifi baneng.

6. Tijhere ke sekgele!

7. Sekgele se tshirelletsang bana,

8. Se ba tshirelletsa direng ,

9. Se ba patela diyabolosi.

10. Titjhere ke mojari!

11. Ke mojari wa mathata a bana,

12. Mojari wa mefokolo ya bana,

13. Mojari wa dipinyane tsa bana,

14. Mojari wa ditshito tsa bana.

15. Titjhere ke mohlodi!

16. O hlolela bana maima,

17.   O ba hlolela ditshitisa ,

18.   O ba lwanela ntwa ya kgakgaulane

19.   Molamu wa tshepe hore ba hlole.

20.   Titjhere ke motataisi!

21.   Ke motataisi wa bana ba kgathetseng,

22.   Motataisi wa baithuti ba lahlileng tshepo,

23.   O ba tataisa be ba itsamaisa ka bona maoto.

TLOTLONTSWE

o   Pinyane: Ke lekunutu le pakeng tsa batho ba babedi kapa ho feta.

o   Ditshito: Diphoso ts entsweng ke motho/batho.

o   Ditshitisa: Dintho tse sitisang kapa tse emang tseleng ya motho hore a hlolehe ho fihlella se itseng.

o   Maima: Ke mathata.

LEFETWA [Mkhize P. W]

1.   Hela wena moshejwa hang!

2.   Wena o tlo nyalwa neng?

3.   Thaka tsa hao di jisitswe kwae.

4.   Di kentse dipalamonwana,

5.   Metswalle ya hao ke dingwetsi.

6.   Wena o ikentse mabotle,

7.   O lebetse o letona la mafetwa,

8.   O hata lefatshe o qheshelaka,

9.   Seeta sa hao se reketlisa lefatshe,

10.   Mokotla o dula o leketla lehetleng.

11.   Banna ba o tludisa mahlo sesafeleng,

12.   Ba hana o jele koto, o le kwete,

13.   Ba iphapanya sa monga dikolobe,

14.   Ba o hlafunya jwalo ka tjhepisi,

15.   Tswekere ha e fela ba ya o lahla.

16.   O tla tswa neng bofetwang?

17.   O etswa ke ho ala leleme phate,

18.   O di shwashwathela ruri,

19.   O setsowaphora sa mosadi,

20.   Basadi ba fiele mabala ka matjeke,

21.   La hao le fielwa ha tadi e antsha.

22.   O se o le mosadi ebile o tiile,

23.   Ditshiu tsa hao di o supa pele,

24.   Pele maane lenyalong,

25.   Tsatsi ntse le o phirimela,

26.   Botsofadi bo tla o kgaoletsa,

27.   Dilemo ha di ya emela wena.

TLOTLONTSWE

o   Phirimella: Letsatsi ha le phirima ke ha le nyamela.

o   Ho iphapanya: Ho etse eka ha o bone motho empa o ntse o mo bona.

o   Setsowaphora: Motho a tsowang motsheare ha a robetse.

BOFUTSANA BA AFRIKA BORWA [Mhize P. W]

1.   Re hula ka false,

2.   Ho thata ho buima,

3.   Ho moepa ho a nyolosetsa,

4.   Kgomo e kentse leoto kgamelong.

5.   Re aparetswe ke bofutsana,

6.   Bofutsana ba ho bata nta ka koto,

7.   Dikobo di kgutshwane, di mahetleng,

8.   Tlala ya Afrika Borwa ke ya bojadikata.

9.   Baqhekanyetsi ba ja ba le bang,

10.   Ha ba natse setjhaba sa Afrika Borwa,

11.   Bana ba bona ba bapala kgathi ka voroso,

12.   Ba setjhaba ba futswela papa ka lebese la kgwana.

13.   Baqhekanyets ba nwele mahe,

14.   Ba sietse setjhaba dikgaketla,

15.   Baqhekanyetse ba ikabile ka nama,

16.   Ba siya setjhaba le lesapo le lesweu twa!

17. Ba jele tseo eseng tsa bona,

18. Ba di ja ka bolotsana.

19. Ra ba ra hopola dikakapa boMoshweshwe,

20. Kajeno re setse le baqhekanyetsi,

21. Tjhelete ya lekgetho ha ba batle ho e bona,

22. Ba e ja ho kgaohe moo ho kgwehlang,

23. Ba iphile matlotlo a setjhaba.

24. Maafrika Borwa kajeno ke metwatwai,

25. Ba twaile ba tsomana le dijo,

26. Ha ba qete ho kopa tse yang ka maleng,

27. Ke mekopakopa ya mankgonthe,

28. Bofutsana bo ba qetile bana ba Rantsho.

TLOTLONTSWE

o Ho hula ka falese: Ho sokola.

o Baqhekanyetsi: Batho ba qhekanyetsang batho.

SENWAMADI (Mkhize P. W)

1. Yonwa mosadi ke senwamadi,

2. Banna o ba nwele ka sehloho,

3. O ba qetile ba sale ba hlohlora dipokotho,

4. Dipokotho tsa bona kajeno di ya dutla,

5. Di dutliswa ke mosadi wa senwamadi.

6. Yonwa mosadi o lebatsa banna malapa,

7. O hladisa banna basadi ba bona,

8. O tedisa bo ntate makgabunyana a bona,

9. O qabanya monna le metswalle ya hae.

10. Yonwa mosadi o ya ba kokona banna,

11. O ba kokona jwalo ka ntja, e kokona lesapo,

12. Banna o ba kuta ditjhelete tsa bona,

13. O ba kuta sa rapolasi a kuta dinku boya,

14. Banna o ba momona mmethe wa sono,

15. O ba momona sa ngwana a momona pompong.

16. Banna ba kokota ka dihloho ha hae ,

17. Matsoho a bona a kakatletse tse yang ka maleng,

18. Dikoloi kena tswa ha yonwa mosadi,

19. O di fetola ka mabitso bo BMW ka bo JTI.

20. Yonwa mosadi ha a sebetse ka mahlalela,

21. Mahlalela ha a batle ho mo panya,

22. Ha a batle ho bona moo a hatileng,

23. Ha o hloka tjhelete ho yena ha o monna,

24. O iponela sekatana sa monna.

25. Mosadi wa senwamadi o sebetsa ka monna,

26. A sale a hloname, pelo e qhitsa madi,

27. O nwa monna tjhelete sa tshitshidi e nwa madi,

28. O mo nwa a sale a behile matsoho hlohong.

TLOTLONTSWE

o Makgabunyana: bana.

o Mmethe: Tjhelete.

o Tedisa: Ho lebatsa/tlohellisa motho ntho.

BOPHELO KE LEBIDI [Mkhize P. W]

1.   Kajeno ba ya o soma,

2.   Hosane ba tlo o suna,

3.   Kajeno ba o entse setshehisa,

4.   Hosane ba tlo etsa mohlomphehi,

5.   Bophelo ke lebidi, bo ya bidika.

6.   Kajeno ba ya o rwaka,

7.   Hosana ba tlo o rorisa,

8.   Kajeno ba ya o rahakaka,

9.   Hosane ba tlo o ratatakaka,

10.   Bophelo ke lebidi bo a bidika.

11.   Kajeno ba o qhalla matsoho,

12.   Hosane ba tlo a kgaketsa,

13.   Kajeno ba ya o hlompholla,

14.   Hosane ba tlo o hlompha,

15.   Bophelo ke lebidi, bo a bidika.

16.   Kajeno ba ya o hlatseta,

17. Hosane ba tla o hlatswetsa,

18. Kajeno ba o tshwela ka mathe,

19. Hosane ba tlo o hlakola mathe,

20. Bophelo ke lebidi, bo a bidika.

21. Kajeno o matha ka mora bona,

22. Hosane e tlo ba mehatla ya hao,

23. Kajeno ba ipatela wena,

24. Hosane ba tlo o mathela,

25. Bophelo ke lebidi, bo a bidika.

26. Kajeno ba ya o seholla,

27. Hosane ba tlo o sirelletsa,

28. Kajeno ba ya o kgesa,

29. Hosane ba tlo o kgumamela,

30. Bophelo ke lebidi, bo a bidika.

31. Kajeno ha ba o bitsa sekatana,

32. Hosane ba tla o bitsa titjhere,

33. Kajeno ha ba re o mokopakopa,

34. Hosane ba tla o bitsa morui,

35. Bophelo ke lebidi bo a bidika.

36. Kajeno le ba tjhabetse ,

37. Hosane le tlo o ntjhabela,

38. Se maratswana o tlo se theoha,

39. Bophelo ke lebidi, bo a bidika.

TLOTLONTSWE

o Mohlomphehi: Motho a hlomphuwang ke batho.

o Ho kgesa: Ke ho kgetholla motho.

o Mokopakopa: Motho a dulang a ntse a kopa.

Printed in the United States
By Bookmasters